AF537522

Die deutsche Erstausgabe erschien im Januar 2023
im Selbstverlag

ISBN:
Independently published
1. Auflage - Umschlag und Satz: Martina Simonsen

Impressum:
Martina Simonsen
Hauptstr.1
57612 Helmeroth
autorin.mail@artatwork-simonsen.de

Herstellung und Druck über tolino media GmbH & Co. KG,
Albrechtstr. 14, 80636 München. Printed in Germany.
Fragen zu Produktsicherheit an: gpsr@tolino.media.

Martina Simonsen

IMPULSE AUF DEM WEG ZU INNERER FREIHEIT

Aphorismen für Achtsamkeit und Meditation

Worte haben eine große Macht. Sie spenden Trost in schwierigen Zeiten, sie helfen zu reflektieren und sie ermuntern zu Aufbruch und neuen Taten. Ein Ausspruch über eine Erfahrung, gibt uns Anhaltspunkte, dass etwas existent ist, dass es schon einmal erlebt wurde. Darum erfreuen sich kurz gefasste Weisheiten so großer Beliebtheit: in wenigen Sätzen wird eine tiefe Erkenntnis mitgeteilt.

Diese Sammlung von 200 Aphorismen hilft Dir in Deiner Achtsamkeits- und Meditationspraxis.
Im Nachsinnen über das Gesagte eröffnen sich neue Gedankenräume, welche sich im Unterbewusstsein verankern können. Zu gegebener Zeit kann sich schnell an die Worte erinnert - und ein Nutzen daraus gezogen werden.

Das Buch enthält mehrere Kapitel, die sinngemäß zusammengefasst sind.
So kann nach Themenbereichen gesucht werden, um passende Denkanstöße zu finden.

Mögen die enthaltenen Inspirationen einen wachen, bewussten und lebensfrohen Geist entwickeln.

Ein nützliches Handbuch für Deine Bewusstseinsarbeit.

Für Mama

"Mit der Zeit habe ich gelernt, dass wahres Glück nicht im Hinzufügen der Dinge liegt, sondern im Weglassen."

INHALTSVERZEICHNIS

Sehr geehrte Leserin, sehr geehrter Leser!

Vielen herzlichen Dank, dass Sie sich für mein Buch entschieden haben.

Über einen langen Zeitraum habe ich alle Gedanken aufgeschrieben, die mich zu bestimmten Anlässen oder Themen begleitet haben. Das Ergebnis ist diese Sammlung von Sinnsprüchen und Weisheiten.

Mögen auch Sie in Ihrer Meditation daraus wertvolle Erkenntnisse ziehen!

Gehen Sie am besten so vor, dass Sie in Ihrer Kontemplation dort verweilen, wo es Sie gerade anspricht. Vertiefen Sie die Gedanken an Hand eines persönlichen Ereignisses.

Durch wiederkehrende Reflexion über einzelne Weisheiten lassen sich Gedankenmuster tief im Bewusstsein und Unterbewusstsein verankern. Zu gegebener Zeit können Sie immer wieder darauf zugreifen und Ihren persönlichen Nutzen daraus ziehen.

Spirituelle Erfahrungen und Einsichten werden seit Menschheitsgeschichte weitergegeben, um anderen als ein Kompass für schwierige Lebenssituationen zu dienen.

Ebenso lassen sich die Zitate mit anderen Menschen teilen, als Mutmacher und

Trostspender oder um einfach Freude zu bereiten.

Dieses kleine Buch wurde nicht geschrieben, es hat sich selbst geschrieben.
Ich wünsche Ihnen eine gute Zeit und viele Erkenntnisse!

Martina Simonsen

MJS
2023

Kapitel 1

KÖRPER, GEIST UND SEELE

Über den Atem

Er ist der Anfang des Lebens und das Ende. Er haucht dir deinen eigenen Rhythmus ein. Kommst du aus dem Takt, holpert auch der Atem. Willst du Gleichmut üben, so atme gleichmäßig ruhig ein und aus.

Die Angst

Die Angst ist dein Ratgeber. Wenn sie übermächtig ist, stelle dich ihren Aussagen von Angesicht zu Angesicht und sie wird um die Hälfte an Größe verlieren.

Über das Leid

Das Wesen des Leids ist die Lektion. Des Erkennens eines Tiefpunkts, des Fühlens einer Ohnmacht und der tiefen Dankbarkeit, wenn man das Leid überwunden hat.

Achtsamkeit

Achtsam zu sein bedeutet allgegenwärtig zu sein, mit allen Sinneskanälen und Bewusstheit das Geschehen wahrzunehmen.

Über das Selbst

Wir sind nicht dieses oder jenes. Wir sind einfach.

Über die Selbstheilung

Auf der spirituellen Ebene heilst du dich und kein anderer. Menschen machen seit jeher ähnliche Erfahrungen. Lerne daraus!

Über den Widerstand

Im Annehmen gibst du jeglichen Widerstand auf. Dann gehst du mit der Energie. Sich auflehnen gegen das Leben mit seinen Überraschungen führt ins Gegenteil und kostet Kraft.

Der Körper ist dein Fahrzeug

Behandle deinen Körper wie deinen besten Freund. Höre gut zu, achte seine Grenzen und bereite ihm Freude, so dient er dir sein ganzes Leben!

Der Geist

Wir hauchen mit unserem Geist dem Gehirn sein Eigenleben ein. Das Gehirn ist nur ein Organ wie jedes andere auch. Unser

Denken formt den Geist.

Das wandelbare Selbst

Das Selbst wird in der Eigenwahrnehmung immer wieder vorhanden sein. Aber es macht einen Unterschied zu erkennen, dass es keine feste Größe ist, sondern wandelbar, durchlässig, sich dem Fluss des Lebens anpassend.

Dein Begleiter

Dein längster Weggefährte bist du selbst. Darum verbringe jeden Tag ein wenig Zeit mit dir selbst. Höre dir zu, nehme dich ernst und bleibe dir treu.

Über das Bewusstsein

Im Bewusstsein liegt die Wahrheit verborgen statt in den vermeintlichen Tatsachen. Die

Wahrnehmung ist das Tor zum Bewusstsein. Die Deutung macht erst den Unterschied.

Der Sinn des Lebens

Der Sinn des Lebens ist eine zu große Frage. Die Antworten fallen deutlich kleiner, dafür aber greifbarer aus. Bewusstes Wahrnehmen und Annehmen aller Dinge und Lebensereignisse ist der erste Schritt im Begreifen.

Über die Absichtslosigkeit

Selbstvergessenheit ist absichtsloses Tun.

Spiritualität

Wofür sind spirituelle Weisheiten nützlich? Um Wissen im Bewusstsein und Unterbewusstsein zu verankern und dann in schwierigen Situationen gelassen zu bleiben. Andere haben Ähnliches erlebt.

Über die Meditation

In der Meditation stellen wir uns persönliche Fragen, gehen den Dingen auf den Grund, vom oberflächigen Gedanken bis in die Tiefe – bis sich die Wahrheit zeigt. Dann haben wir eine Erleuchtung. Über unsere Gefühle, Gedanken und Motive.

Das Wesen der Gedanken

Gedanken müssen nicht kontrolliert werden. Sie bedürfen sanfter Führung, so wie das Wasser, das gelenkt werden will bevor es Schaden anrichtet.

Über die Leere

Wenn ich den Geist leere, habe ich dann mehr oder weniger Antworten auf meine

Fragen.

Zen Geist

Im Unterscheiden trennst du die Einheit, die Ganzheit hinter den Dingen. Du verlierst dann die Verbindung zum Unmittelbaren.

Ganzheit

Auf dem Weg zur Ganzheit sei vor allem freundlich mit dir selbst. Erst wenn du alle Unzulänglichkeiten und Widersprüche angenommen hast, wirst du eins und heilst.

Über das Selbst

Wenn wir es schaffen das Selbst aufzulösen sind wir entweder mit Bewusstseinsanstrengung im Nirwana oder dem Wahnsinn verfallen. Der Unterschied ist, ob wir es selbst steuern oder nicht. Nirwana verschafft uns Ruhe im Geist.

Medizin

Jenseits der Medizin als der Behandlung mit Medikamenten und Therapien, gibt es noch die Medizin des Zuhörens und der Zuwendung.

Kontemplation

Alles was du suchst, findest du in dir selbst. Die äußere Welt ist die Welt der Täuschungen. Wenn du dich im Innern veränderst, veränderst du die Welt.

Über das Ankommen

Wann merkst Du dass Du bei Dir angekommen bist? Wenn Dein Suchen zu Ende ist. Wenn Du aufhörst nach dem Sinn zu fragen. Wenn die richtigen Menschen in

Deinem Leben sind.

Selbst und Ego

Woran erkennst du den Unterschied zwischen Selbst und Ego? Wenn du dich wichtiger fühlst ist es das letztere. Das Selbst ruht bescheiden in sich.

Atmen

Dein Atem ist dein Lebensrhythmus. Lerne ihn wieder in Einklang zu bringen mit dir und du wirst tiefe Gelassenheit erfahren.

Absichtslosigkeit

Unmittelbare Wahrnehmung und Handeln ohne Verzug ist Absichtslosigkeit.

Über dich

Wenn du dich darauf festlegst so oder so zu sein, wirst du auch nur so sein. Ein offener Geist lässt mehr Möglichkeiten zu, so bist du stets die beste Version deiner selbst.

Über das Glücklich sein

Die Tiefe deines Glücks wird maßgeblich bestimmt durch die Tiefe deines empfundenen Leids.

Ruhe im Geist

Im Schweigen, in der Stille hören wir erst unsere innere Stimme und die tieferen Antworten auf unsere Fragen an das Leben.

Verzweiflung

Das Gegenstück von Verzweiflung ist

Hoffnung. Pflanze ein Stück Glauben in dir und du kommst dem Gelingen ein Stück näher.

Krieg und Frieden

Jede gewonnene Schlacht im Innern ersetzt einen Krieg im Äußeren. Darum kämpfe zuerst gegen deine Ängste, Schwächen und blinde Flecken, so kannst du Frieden finden.

Vom Begreifen

Begreife! Nimm es in die Hand, fasse es an, greife, taste und du wirst verstehen.

Über das Heranwachsen

In der Kindheit war alles ganz, alles Einheit. Unser Wissen und unser Geist spaltet die Welt und trennt uns von den Dingen. Im unmittelbaren Erfahren liegt die Ganzheit, im

Hier und Jetzt.

Über die Leere

Reines Schauen ist Leere. Reines Hören ist Leere. Reines Spüren ist Leere. Die Abwesenheit der Gedanken ist Leere.

Reinigung

Meditation ist wie die Reinigung der Seele. Täglich angewendet sorgt sie für Klarheit und Konzentration auf das Wesentliche.

Tan-zen

Versuche einmal gleichzeitig über etwas nachzudenken oder ein Problem zu lösen und zu Musik zu tanzen.

Über das Handeln

Jedem Handeln gehen Gedanken voraus. Mal ist das eigene Tun bewusst, mal unbewusst. Aber stets gibt es ein Motiv, was zum Handeln bewegt. Was treibt dich an?

Kapitel 2

GEFÜHLE

Wandlung

Krisen oder Leid und Schmerz begünstigen die Veränderung wie kein anderes Ereignis: Manchmal ereilt dich in deinem Leben ein emotionales Erdbeben. Danach bist du ein anderer Mensch als davor. Das ist das Geheimnis tiefer Wandlung.

Über das Leiden

Kummer und Schmerz können deine Ratgeber sein. Mache sie dir zum Freund und höre was sie zu sagen haben!

Über die Hingabe

Wenn du dein Leben mit Hingabe lebst, gibt es nur noch wertvolle Augenblicke. Alles was dein Herz berührt strahlt bis in die Ewigkeit.

Die Liebe

Liebe um die man erst bitten muss, ist keine Liebe.

Trauer

Verlust. Ohnmacht. Zeit der Stille. Neuanfang. Es ist erst dann vorbei, wenn es vorbei ist.

Über die Enttäuschung

Die Enttäuschung ent-täuscht und somit offenbart sie ein Stück Wahrheit und

Erkenntnis.

Die Erwartung

Wer viele Erwartungen hat, den ereilen möglicherweise auch ebenso viele Enttäuschungen. Du bist für deine Zufriedenheit verantwortlich!

Negative Gefühle

Negative Gefühle kommen vor. Nehme sie zur Kenntnis, aber füttere sie nicht. Nicht deine eigenen oder die der anderen. So sorgst du am besten für dich selbst.

Dankbarkeit

Es ist die Frucht des Alters, das Leben in all seinen Facetten zu genießen. Erst der Schmerz und die Erfahrung des Leids lassen das Glück in all seinen Farben erstrahlen.

Empathie

Selbsterkenntnis ist der einzige Weg dauerhaft mit den Mitmenschen gut auszukommen und Frieden in der Welt zu stiften. Mitgefühl kann nur aus der Innenschau heraus entstehen.

Die Sprache des Herzens

Das Herz spricht die direkte Sprache. Der Verstand - im Übermaß benutzt - vernebelt die Gedanken. Am Ende des Tages fühlst du, ob eine Entscheidung richtig war.

Über den Zweifel

Der Zweifel kommt in der Gestalt der Frage. Höre ihm zu, was er zu sagen hat. Höre auf die Stimme in deinem Bauch und wäge ab, ob die Angst der Fragende ist oder ein anderer Grund. Ist letzteres der Fall, entscheide dich für deine Intuition. Es hat einen Grund, warum du haderst.

Über Vertrauen und Täuschung

Wenn das Vertrauen zu einem Menschen aus irgendeinem Grund weniger wird, kommt auch zwangsläufig der Punkt näher, wo sich die Wege trennen werden. Eine Täuschung aufrecht zu erhalten ist anstrengender, als die Wahrheit zu leben.

Über den Widerstand

Widerstand erzeugt Abwehr. Druck erzeugt Gegendruck. Gewalt erzeugt Gegengewalt.

Gefühle

Zwischen einem Gefühl und einer Reaktion

ist eine Lücke in der du entscheiden kannst, welche Antwort die klügste ist.

Gefühle, Gedanken, Tun

Gefühle kommen und gehen. Gedanken kommen und gehen. Handlungen sind von bleibendem Wert.

Über Gefühle die kommen

Auch wenn du ein ehrlicher Mensch bist, wird es Situationen geben, in denen du unehrlich bist. Wenn du ein ruhiges Gemüt hast, wird es Grenzen geben, wo auch du anfängst, dich mit allen Mitteln zu verteidigen.

Über das Gefecht

Hüte dich davor, Ränke zu schmieden und Streit anzuzetteln. Übe dich jedoch in der

Selbstverteidigung und dem Wortgefecht.

Gefühle und Macht

Mache dir die Befindlichkeiten anderer Menschen nicht zu Eigen. Es ist ihr Film nicht deiner. Gefühle können auch dazu genutzt werden Macht und Willen auszuüben.

Über den Verlust

In der Trauer erfahren wir den endgültigen Verlust. Unwiederbringlich ist etwas oder jemand verloren gegangen. Das Ende ist aber gleichzeitig der Anfang von etwas Neuem, eine Chance für ein Leben ohne Täuschungen.

Geistesgifte

Jedes Geistesgift wohnt auch in dir, wie

Hass, Neid und Gier. Wenn du es zulässt, dass sie dich kontrollieren, werden sie groß bis sie schließlich die ganze Macht über dich haben. Darum übe dich in liebevoller Zuwendung, Selbstgenügsamkeit und Verzicht.

Trauer und die Ewigkeit

Trauer ist ein Schatten auf deiner Seele, der für immer bleibt. Immer wenn du dich vom Licht abwendest und in die Dunkelheit schaust ist das Gefühl so mächtig wie eh und je.

Über die Dankbarkeit

Über die Dankbarkeit lernen wir das Leben mit allen Höhen und Tiefen anzunehmen. Dankbarkeit ist eine Liebeserklärung an das eigene Dasein.

MJS
2023

Kapitel 3

BEZIEHUNGEN

Kommunikation

Gelungene Kommunikation findet auf Augenhöhe statt. Schaue nicht auf jemanden herab. Wenn du mit einem Kind sprichst, gehe notfalls auf die Knie.

Authentisch sein

Wenn du Zweifel an der Glaubwürdigkeit des Anderen hast, so messe ihn nicht an seinen Worten, sondern an seinen Taten. Prüfe deine Worte und deine Taten zuerst.

Vertrauen

Frage stets nach der Absicht, wenn dir jemand ein Angebot macht. Wie kann das Angebot dem anderen nützen? Ist es absichtsfrei, dann ist es ein Geschenk und du kannst es bedenkenlos annehmen.

Über das Helfen

Wer anderen hilft ohne vorher um Erlaubnis zu fragen, erklärt diejenigen für hilflos. Wer anderen Geld anbietet ohne nach dem Bedarf zu fragen, erklärt diese der Almosen bedürftig.

Über die Jugend

Die Jugend ist die Station im Leben, wo am meisten Verwirrung herrscht. Versuchst du ihre Turbulenzen zu behindern, wirst du das Gegenteil erreichen. Drum begleite ohne zu beherrschen.

Über die Freundschaft

Woran erkenne ich die Freundschaft? Sie versteht ohne Worte, sie fordert nicht, sie überdauert Zeit und Raum.

Über die Begegnung

Eine flüchtige Begegnung hinterlässt manchmal mehr Spuren als eine jahrelange Bekanntschaft. Auf die Resonanz kommt es an.

Liebe und Beziehung

Liebe will nicht besitzen, sondern gemeinsam wachsen.

Über die Kritik

Wenn du zu anderen Menschen oft die Wahrheit sprichst, vermehrst du die Anzahl deiner Feinde.

Über die Empathie

Empathie ist die Fähigkeit, sich in andere hineinzuversetzen und mitzufühlen. Ein Fehler ist jedoch zu glauben, du könntest deswegen stets von dir auf andere schließen.

Über die Nähe

Mit welchen Menschen teilst du deine Freude? Mit welchen Menschen teilst du deinen Schmerz?

Freund oder Feind

In der Welt der Illusionen gibt es Menschen, die dir ihr Lächeln zeigen, aber eine List oder einen Hinterhalt vorbereitet haben. In der wahrhaftigen Welt gibt es Gegner und

Feinde.

Über die Erziehung

Willst du dein Kind ohne Mühen zuverlässig erziehen, dann sei vor allem ein Vorbild. Das Handeln überwiegt jedes gesprochene Wort.

Über die Familie

Was die Familie im Kleinen ist, ist die Gesellschaft im Großen. Darum prüfe sorgfältig die Regeln, die innerhalb der Gemeinschaft gelten. Manch einer sucht vergebens nach Gerechtigkeit, die er im Außen nicht findet. Unser Blick ist von klein auf getrübt, wenn wir Willkür erfahren haben.

Über die Selbstoptimierung

Sei gut mit dir und deinen Unzulänglichkeiten. Etwas gut können zu wollen ist eine Sache, ein guter Mensch zu sein eine andere. Du musst dich täglich prüfen und jedes Mal neu entscheiden, was du anderen Menschen geben möchtest. Mancher benötigt eher eine Lektion statt Gutmenschentum.

Über die Belehrung

Eine der schlimmsten Illusionen ist, dass du zu wissen glaubst, was gut für andere ist. Jeder Mensch trägt die Lösung für sein Problem in sich. Frage, statt Antworten zu geben!

Heimat

Heimat ist vor allem ein Ort in dir selbst und als nächstes ein Ort mit Menschen, wo du dich voll und ganz angenommen fühlst. Dieser Ort kann demnach überall auf der Welt sein.

Gefährten

Ein guter Gefährte ist jemand der dir folgt, der dich führt und der dich lässt, alles zur rechten Zeit.

Der Eremit

Der Eremit betrachtet die Dinge ohne ihre zwischenmenschlichen Verstrickungen – mit Abstand, Klarsicht und Nüchternheit. So erkennt er die Übel bei der Wurzel.

Kinder

Kleine Kinder sind die einzigen menschlichen Wesen, die dich das Unmittelbare lehren können.

Verlust

Einen wertvollen Menschen zu verlieren wiegt mehr als alles andere. Die Lücke, die entsteht kann nur schwer wieder gefüllt werden. Das einzige was bleibt ist die Erinnerung und die Vergangenheit. Im Verlust erkennen wir den Wert und die Bedeutung der Zeit.

Über den Charakter

Charakterstarke Menschen haben ein Leitbild, an dem sie ihr Handeln ausrichten. Oberflächliche Menschen sind in der Regel nicht so streng mit sich selbst. Daher sind sie weniger vertrauenswürdig.

MJS
2023

Kapitel 4

ARBEIT

Über das Geschäft

Ein Geschäft kann nur auf der Grundlage von gegenseitigem Vertrauen gemacht werden. Kein Vertrag vermag dieses zu ersetzen. Er hilft sich zu vertragen, kann aber die Boshaftigkeit nicht verhindern.

Tun und Nicht-Tun

Im Tun können wir Selbstvergessenheit erlangen. Im Nicht-Tun können wir Selbstvergessenheit erlangen.

Arbeit

Wenn du deiner Berufung folgst wirst du dein ganzes Leben glücklich mit deiner Tätigkeit sein. Wenn du dich nach Status und Gehalt richtest wirst du für Ansehen und Geld arbeiten.

Meisterschaft

Du hast die Meisterschaft erreicht, wenn du wieder als Lehrling an die Arbeit gehst.

Über die Ordnung

Dein Arbeitsplatz verrät den Zustand deines Geistes. Möchtest du den Überblick behalten, so räume stets am Ende des Tages auf, so dass du mit frischer Energie das neue Tagewerk beginnen kannst. Lege deine Sachen immer am gleichen Ort ab.

Reife

Arbeit ist mehr als Brot verdienen. Der Schüler reift an seinen Fähigkeiten. Der Geselle wächst über sich hinaus bis er Meister ist. Der wahre Meister lernt vom Anfänger.

Einseitiges Tun

Arbeit nur mit dem Geist verrichtet führt häufig nicht zur vollen Zufriedenheit. Vergesse deinen Leib nicht, der gefordert werden will. Darum suche dir auch eine Tätigkeit mit praktischem Nutzen wie das Laub kehren.

Über die Abwechslung

Jede Routine kann noch einmal neu erfunden werden. Wird dir eine Tätigkeit lästig so führe sie einmal anders aus. Der träge Geist wiegt schwer.

Lerne die Regeln!

Im Kriegsschauplatz des Geschäftslebens gibt es Menschen, die bereits verloren haben, wenn sie das Feld gerade betreten haben.

Über die Last der Arbeit

Wenn du unterscheidest zwischen schöner und nicht schöner Arbeit, legst du dir die Last selbst auf. Entdecke das Schöne im Nicht-Schönen und das Beschwerliche im freudvollen Tun und dir wird die Arbeit insgesamt leichter fallen.

Zeitmanagement

Statt deine Zeit zu planen, verrichte die täglichen Arbeiten nach dem Zustand deiner Energie. Am Abend bist du zufrieden, dass du erreicht hast, was du dir am Morgen nicht vorstellen konntest.

Über die Bewerbung

Für den Erfolg deines Unternehmens ist es manchmal wichtiger, wenn deine Mitarbeiter Charakter haben, als eine besondere Eignung oder ein Zertifikat.

Die Kunst der guten Führung

Der Autokrat bestimmt von oben herab. Der demokratische Führer fördert die Talente des Einzelnen und lässt die Vielfalt zu. Er hört gut zu, redet mit bedächtig gewählten Worten und geht in seinen Werten mit gutem Beispiel voran. So ist er sich seiner Gefolgschaft gewiss.

Über den Lohn

Vergesse neben ausreichendem Gehalt nicht die Wertschätzung, Lob und Respekt. So mögen dir deine Mitarbeiter lange dienen.

Über die Berufung

Glück hat, wer seine Arbeit so gewählt hat, dass er ein Leben lang Freude daran hat.

Wachstum

In der Komfortzone hat noch keiner die Welt verändert. Die Erfahrung von Missständen führt zu Kreativität und Innovation. Begreife eine Krise als Chance für Wachstum.

Über die Prüfung

Eine bestandene Prüfung sagt noch nichts über die tatsächliche Eignung aus. Eine nicht bestandene Prüfung kann der Antreiber für Höchstleistungen sein.

Über das Können

Du kannst die oder der Beste sein in deinem

Fachgebiet und trotzdem nicht gesehen werden. Oder noch schlimmer du wirst in deiner Entwicklung behindert. Darum suche dir dein Spielfeld, wo du dich nach deinem ganzen Können entfalten kannst!

Über die Folgsamkeit

Wenn Menschen jemandem folgen, der zweifelhaft im Charakter ist, so werden sie auch in Zukunft ungeprüft Meinungen und Taten für gut heißen, wenn sich die Führungsperson geändert hat. Die Person ist austauschbar, weil nicht hinter die Fassade geschaut wird.

Macht durch Vorgesetzte

Macht im guten Sinne fängt mit Selbstbeherrschung an. Machtmissbrauch hört auf die bösen Triebe im Menschen. Wenn Du Macht verleihst, prüfe den Charakter und nicht die Zeugnisse.

Über die Förderung

Statt auf die Defizite zu schauen und diese beheben zu wollen, kann man sein Augenmerk ebenso auf die besonderen Begabungen richten. Darum fördere den Einzelnen in seinen Talenten, so mancher Fehler erledigt sich über diesen Weg von selbst.

Erfolg

Erfolg bedeutet nicht zwangsläufig auch glücklich zu sein. Der Weg zum Erfolg beschert das Glück und die Zufriedenheit.

2023

Kapitel 5

WERTE

Geduld

Die Geduld ist die Kunst des Wartens. Es ist der lange Atem der den Unterscheid macht, ob wir gut oder schlecht mit einer Angelegenheit umgehen. Wer warten kann hat einen tieferen Glauben, dass die Dinge sich zum Guten wenden mögen.

Über das Schöne

Ist das Schöne die Form oder das Wesen der Dinge, die Sache an sich?

Über das Menschsein

Wenn du dich ebenso erkennst im Obdachlosen und armen Menschen, sowie im Trickbetrüger und Kriminellen, dann hast du das Menschsein begriffen.

Über die Besonnenheit

Beobachte deine Gedanken und deine Gefühle und überlege besonnen, ob es klug ist, darauf zu reagieren. Du kannst wählen, wie du ein Verhalten oder eine Angelegenheit beantwortest.

Über das Haben

Statt monatlich auf dein Bankkonto zu schauen…wie viele Sonnenuntergänge hast du inzwischen gesehen. Erinnerst du den Preis eines guten Essens oder den Geschmack?

Freiheit

Vollständige Freiheit erlangst du erst, wenn dir die Meinungen anderer Menschen über deine Person egal sind.

Über die gute Absicht

Ein guter Mensch zu sein wird von der selbigen Absicht bestimmt. Manchmal gibt man sein Bestes und ist doch nicht zufrieden. Dies ist Teil des spirituellen Wachstums.

Über den Materialismus

Wer Geld und Besitz anhäuft und ein enges Herz hat, ist nicht reich sondern arm. Bemesse einen Mensch nicht nach seinem Vermögen, sondern seinem Mitgefühl und seiner Fähigkeit Liebe zu praktizieren.

Über das Bedürfnis

Wer nicht besitzen will und nur wenige Dinge braucht ist reicher als so mancher Millionär. Er besitzt die Freiheit, statt der Anhaftung.

Über die Disziplin

Selbstdisziplin ist die Fähigkeit, den eigenen Widerwillen zu bezwingen. Ohne die Kraft der Selbstbeherrschung ist es dem Zufall überlassen, ob du ein Ziel erreichst, denn dir werden auch Hindernisse im Weg stehen. Dies gehört zur Entwicklung deiner Fähigkeiten dazu. Disziplin ist die Fähigkeit andere dem Willen unterzuordnen.

Das Wesen der Wahrheit

Eine einmal gefundene Wahrheit gilt nicht für ein Dutzend Jahre.

Reichtum

Wenn dein Reichtum aus gelebten Träumen besteht und aus Momenten, in denen du Liebe geschenkt hast oder aus reinem Mitgefühl gegenüber deinen Mitmenschen – dann bist du ein wahrlich reicher Mensch.

Über die Besinnlichkeit

Besonders in der Weihnachtszeit wird immer an die Besinnlichkeit erinnert. Wahrhaft besinnlich ist der achtsame Mensch.

Über die Unfreiheit

Es ist die gleiche Unfreiheit, ob ich vermögend bin und meinen Reichtum schmälern sollte, weil er mich einengt oder ob ich arm bin und meinen Besitz wegen Mittellosigkeit nicht vermehren kann. Ein ausgewogenes Verhältnis von Haben und Sein ist die Lösung.

Über die Selbstsucht

Die schlimmste Form der Verblendung ist die Selbstsucht. Sie ist das Gegenteil von dem, was ein Zen Buddhist erreichen möchte: Ohne dem Lärm des Egos dem Fluss des Lebens zuhören.

Über die Wahrheit

Wahrheit entspricht keinen Tatsachen. Die Wahrheit liegt immer im Auge des Betrachters.

Über die Vergebung

Vergebung findet vor allem im Inneren statt und dient primär deiner Befreiung von Leid und Schmerz. Du wirst Frieden finden und der Kummer und deine Peiniger werden ihre Macht über dich verlieren.

Über das Geben und Nehmen

Schau, dass du mindestens so viel gibst, wie du nimmst. Dann wird dein Leben voller Wohlstand und Reichtum sein.

Über die Fassade

Eine Täuschung oder Lüge aufrecht zu erhalten kostet mehr Anstrengung und Energie, als sich für die Wahrheit zu entscheiden. Eine Lüge zieht tausend Unwahrheiten an, Aufrichtigkeit den authentischen Menschen.

Authentisch sein

Wenn du zum authentisch sein gefunden hast, wird jede Verstellung auf Dauer anstrengend sein und dir deine Energie rauben. Dies ist der Preis für ein wahrhaftes Leben.

Über das Gebet

Das Gebet ist die Zwiesprache mit allem, was größer ist, als wir selbst. Dort ist der Ort, um Demut zu lernen.

Über die Toleranz

Tolerant sein bedeutet einen Perspektivwechsel einzunehmen und die Erkenntnis dann auf die eigene Person zu beziehen. Dann können wir uns alles Fremde vertraut machen und es annehmen.

Über die Wahrhaftigkeit

Menschen haben Absichten und Absichten beinhalten Täuschungen. Wenn du das Gefühl hast, dass du etwas nicht möchtest, so gehe der Sache auf den Grund und entwickle eine eigene Vorstellung von deinen Wünschen.

MS
2023

Kapitel 6

ALLTÄGLICHES UND NICHT ALLTÄGLICHES

Über die Vergangenheit

Lebe nicht in der Vergangenheit, die du nicht mehr ändern kannst. Sie zeigt dir lediglich dein Lernen aus Fehlern. Wenn du vorwärts gehen willst ohne zu fallen, drehst du dich ja auch nicht ständig um….

Über die Improvisation

Improvisation ist das freie Spiel der Möglichkeiten. Je mehr du ausprobierst umso größer wird dein Handlungsraum.

Über den Verzicht

Wenn dich der Wohlstand nicht mehr glücklich macht, suchst du das einfache Leben. Lerne, dass im Verzicht wahrer Reichtum steckt.

Über den Ratschlag

Mit gut gemeinten Ratschlägen verhält es sich wie mit der Begeisterung. Du kannst ein Feuer nur entfachen, welches in dir selber brennt.

Über die Bitte

Wenn sich etwas oder jemand nicht richtig anfühlt für dich, dann lass es lieber gehen anstatt daran festzuhalten. Das Leben hält immer neue Chancen für Dich bereit. Du erhältst was du dir wünschst, wenn du inständig darum bittest.

Widerstand

Lehne dich nicht auf gegen Dinge oder Menschen, die du nicht ändern kannst. Übe dich stattdessen im Annehmen. Widerstand erzeugt stets erneuten Widerstand. Die Zeit für Veränderung kommt wenn sie reif ist.

Vergangenheit, Gegenwart und Zukunft

Wenn wir zurückblicken können wir die Wege verstehen, die wir gegangen sind. Indem wir nach vorne schauen, können wir überlegen, was wir für die Zukunft daraus lernen möchten. Im heute jedoch handeln wir stets nach bestem Wissen und vor allem Können.

Über das Haben

Wohlstand beginnt, wenn man satt ist und eine feste Bleibe hat. Überfluss beginnt bei den Dingen auf die wir auch verzichten könnten. Hüte dich vor der Gier und der Maßlosigkeit, beides nicht mehr voneinander unterscheiden zu können. Stelle ebenso nicht die Dinge vor den Menschen.

Reichtum

Je mehr wir besitzen, umso mehr haben wir Angst zu verlieren. Drum vermehre vor allem die nicht materiellen Dinge, um reicher zu werden.

Anhaftung

Halte nicht fest, was losgelassen werden will.

Über den Staat

Der Staat und die Politik können dir deine Aufgaben nicht abnehmen: Verantwortung übernehmen, Regeln überprüfen und Gerechtigkeit im Handeln praktizieren. Verstehe den Staat mit seinen Gesetzen nur als Rahmenkonstrukt. Das geschriebene Wort ist noch nicht mit Inhalt gefüllt.

Über das Wunder

Wenn du nicht an Wunder glaubst, so schaue einen Sonnenaufgang und einen Sonnenuntergang. Alles dazwischen ist ein Wunder.

Über den Intellekt

Mehr Fragen zu haben führt nicht zwangsläufig zu mehr Antworten. Eher ist das Gegenteil der Fall, die Antworten werfen wieder neue Fragen auf. Mehr Sein, mehr Weglassen, anstatt intellektuelle Betrachtung der Dinge ist der Weg.

Über das Schicksal

Was manche Schicksal nennen, ist in

Wirklichkeit die Summe von Prüfungen, die du auf deinem Weg zum wahren Menschsein ablegen musst. Nur wer sein Blut vergossen hat und von der tiefen Traurigkeit gekostet hat, wird das Tor zum Glück finden.

Über den Rat

Der gleiche Rat von unterschiedlichen Personen erteilt, kann eine andere Bedeutung haben. Achte darauf, ob die Person auch deine Wertvorstellungen teilt.

Über die Spiritualität

Warum fühlen sich manche Menschen von spirituellen Weisheiten nicht angesprochen? Weil ihre Reflexionsfähigkeit nicht ausgebildet ist. An dir ist nichts falsch, gehe deinen Weg weiter.

Das Spielen

Spielen und Improvisation sind der Schlüssel zum Glück, sie benötigen weder Sinn noch Ziele.

Dankbarkeit praktizieren

Der Schenkende praktiziert Dankbarkeit im Geben. Darum schenke stets ohne Absicht und Erwartung.

Geborgenheit

Wahre Geborgenheit findest du nur im Schoß der Weltseele. Pflanze und schmücke dir deinen Garten, in dem du immer verweilen kannst.

Die Essenz der Dinge

Den Blick für das Kleine, Schöne und

Wesentliche erhältst du, wenn du den Überfluss aufgibst.

Die Lektion der Einsamkeit

Manchmal müssen wir einen Schritt zurücktreten, um wieder klar zu sehen. In der Leere finden wir dann das Eine, das Wahre.

Von der Vision

Ein Mensch sollte einmal im Leben durch ein tiefes Tal gewandert sein und einen Gipfel erklommen haben. Möchte ich ein großes Ziel erreichen, ist es hilfreich beides zu kennen.

Über das Spenden und Schenken

Wenn du etwas verschenkst oder spendest, musst du die Gabe auch loslassen. Was der

Beschenkte mit dem Gegenstand macht liegt nun allein bei ihm. Sei nicht enttäuscht, wenn er es weiter verschenkt oder es für einen anders gedachten Zweck verwendet!

Vom Loslassen

Schafft Platz für Neues, gewährt den Antworten die Berechtigung, den Zutritt, öffnet die Tür für die Leere in der alles geschehen kann.

Über die Entbehrung

Erst in der Entbehrung erkennst du den wahren Wert der Dinge.

Der Augenblick

Ein anderes Wort für Augenblick ist der Wimpernschlag. So kurz ist die Gegenwart. So schnell ist der Augenblick Vergangenheit und Erinnerung. Bedenke dies in all deinem Tun. Die Vergangenheit kann nicht mehr rückgängig gemacht werden.

Kapitel 7

TRÄUME

Phantasie

Wenn die Logik aufhört und der Verstand begrenzt ist, haben wir das wirksame Werkzeug der Phantasie. Sie verschiebt Grenzen, macht das Unmögliche möglich und lässt Neues in unser Denken und Handeln.

Über die Kreativität

Kreative sind dem Göttlichen ein Stück näher. Sie sind Schöpfer und akzeptieren keine Grenzen des Machbaren.

Lebenskunst

Gestalte ein Leben nach deinen Vorstellungen, statt nach den Vorgaben anderer, wenn diese deine Entfaltung behindern. Bedenke aber die Grenze, wo deine Freiheit aufhört und die des anderen beginnt!

Über die Geduld

Geduld von außen sieht es wie Warten aus, von innen ist es ein harter Kampf für deine Ziele und Wünsche.

Die Kraft der Phantasie

Dein größter Antreiber und deine stärkste Kraft sind deine Träume. Lerne ihnen zu folgen und das Begehrte wie auch das Unangenehme wirst du mit Leichtigkeit schaffen.

Träume

Was du träumen kannst, kannst du auch schaffen. Jedes Meisterwerk ist zuerst im Kopf des Künstlers entstanden.

Über die Absicht

Wenn du deinem Traum folgst, so prüfe stets den Plan. Nur mit der rechten Absicht wirst du auch an dein Ziel gelangen.

Vision

Einer Vision zu folgen ist wie gehen im Dunkeln ohne Taschenlampe. Das Ankommen zählt.

Den Traum verwirklichen

Es kommt die Zeit, da endet dein Weg, dein Wissen und Können zu erweitern und du wirst beflügelt von neuen Ideen. Dann ist deine Lehrzeit zu Ende und du bist dazu berufen, deinen Traum zu verwirklichen.

Gestalte dein Leben

Du bist Gestalter deines Lebens und deine Träume sind deine Farben.

Den Bogen spannen

Wenn du dein Ziel bist, alle Kräfte in der Mitte vereinst, bist du dem Göttlichen nahe.

Der Weg der Träume

Die Seele sucht sich immer ihren Weg, so wie das Wasser wenn es fließt. In deinen Tagträumen werden deine tiefsten Sehnsüchte offenbart. Je mehr Raum und Zeit du ihnen gibst, umso mehr wirst du eins mit ihnen, bis du schließlich keine Pläne mehr machst, sondern sie zu deiner Prophezeiung werden.

Über den Sinn

Statt nach dem Sinn des Lebens zu fragen, verleihe deinen Taten Bedeutung, indem du nach deinen Träumen und Wünschen lebst.

Bewertung

Wenn du dich abhängig machst von der Bewertung durch andere, verlierst du deine innere Freiheit und beraubst dich gleichzeitig deiner Träume. Einzigartigkeit braucht keine Belehrung.

Das Wesen der Träume

Träume altern nicht. Erinnere dich so, dass dich nichts mehr aufhalten kann. Vergesse alle Hindernisse, die sich dir bisher in den

Weg gestellt haben.

Träume die Wirklichkeit

Je mehr Menschen den Mut haben ihren Traum zu leben, umso mehr sind sie imstande die Wirklichkeit und die Welt zum Besseren zu ändern.

Die Kraft der Träume

Nichts ist kraftvoller als seine Träume zu leben. Mit deinen Ideen zapfst du die unendliche Energie an, die dir hilft deinen Weg bis zum Ende zu gehen.

Träume wahr werden lassen

Es ist die Natur unseres Bewusstseins, dass alles zur rechten Zeit geschieht und die Erkenntnis zu uns kommt. Vertraue auf den nächsten Schritt in Richtung deiner

Wünsche.

Grenzen

Der erste Schritt zu deinen Träumen hin ist weg von dem, was andere Menschen für unmöglich halten.

Kapitel 8

ENTWICKLUNG UND TRANSFORMATION

Entschlossenheit

Manchmal entscheidet nicht dein Talent, ob dir etwas gelingt, sondern die Entschlossenheit den Weg bis zum Ende zu gehen und aus dem Scheitern und den Hindernissen zu lernen.

Über das Wissen

So ich die Antwort schon kenne, wie kommt dann Neues in mein Leben?

Über das Lernen

Mit dem Lernen einer neuen Fähigkeit verhält es sich wie mit dem Aufeinanderstapeln von Steinen. Wenn das Fundament stimmt, gelingt auch der nächste Schritt.

Über den Weg

Von allen Hindernissen, die sich dir in den Weg stellen, sind deine Gedanken die größten, die es zu überwinden gilt. Sie engen den Blickwinkel ein. Aber bedenke: es gibt mehr Lösungen als Probleme!

Ziele

Ziele sind der Weg der vielen kleinen Schritte. Je größer das Ziel, umso mehr Teilziele sind nötig. Erfolg bedeutet, das Lernen nicht außer Acht zu lassen und stetig an sich zu arbeiten.

Impulse

Impulse sind jene spontanen Gedanken, die noch wertfrei in unser Bewusstsein dringen. Mit ihnen können wir ohne Widerstand arbeiten, umgestalten und neu erfinden. Sie ermöglichen Wachstum und Veränderung. Der Verstand oder die Vernunft hatte noch keine Gelegenheit eine Wertung vorzunehmen, eine Möglichkeit außer Betracht zu ziehen.

Das Leben ist eine Reise

Das Leben ist eine Reise. Du kannst beharrlich Ziele erreichen, aber eindrucksvoller und chancenreicher ist der Weg dahin. Vergesse nicht rechts und links zu schauen, statt nur geradeaus.

Wachstum

Wenn du über dich hinaus wachsen möchtest, musst du auch über dich hinausgehen, über den Tellerrand, aus der Komfortzone heraus. Dann stehen dir alle

Möglichkeiten offen.

Die Kunst des Lebens

Stelle deine Fragen und lebe deine Fragen. Das nennt man Lernen aus Versuch und Irrtum. Nur theoretisch lernen ist nur halb so viel wert.

Über die Wandlung

Wenn du ein anderer werden möchtest, so ist es am einfachsten, wenn du deine vertraute Umgebung und nahe Menschen für eine Zeit verlässt. Manchmal nimmst du auch nicht alles mit in deine neue Geburt. Alles bleibt zu seiner Zeit.

Über den Lebensweg

Mit den Jahren erkennst du, dass dein Weg einmalig ist, dass er aus deinen Wurzeln hervorgegangen ist und dass alle Abzweigungen, die du genommen hast zusammen gehören.

Annehmen

Das Leben ist eine Reise. Menschen sind Weggefährten. Nicht jeder Weg ist von Dauer oder hat ein Ziel. Wahrlich ein Lebenskünstler ist, wer zum Annehmen bereit ist.

Über den Fehler

Betrachte den Fehler nicht als Versagen, sondern als Lektion – auch oder vor allem dann, wenn du ihn mehrmals machst.

Über das Lernen am Modell

So manch einer hat an einem schlechten Vorbild schon mehr gelernt, als an einem guten Beispiel.

Über das Scheitern

Gibt es Lernen ohne Scheitern? Ist Erfolg und Meisterschaft ohne Scheitern möglich?

Sich selbst besiegen

Im Überwinden von Schwierigkeiten werden Fähigkeiten ausgebildet. Ein guter Lehrer ist eine Sache. Mut, Geduld und der Wille sich selbst zu besiegen eine andere.

Unmittelbare Wahrnehmung

Je unmittelbarer deine Wahrnehmung des Geschehens ist, umso mehr bist du gewappnet gegen die Welt der Täuschungen. Nur wenige Menschen verweilen wirklich im Hier und Jetzt, somit hast du einen natürlichen Schutz gegen Angriffe und

Verführungen. Du bist dann immer einen Gedanken voraus.

Über das Erwachen

Gibt es Erwachen ohne die Erfahrung des Leids? Dein Potenzial entfaltet sich erst, wenn du nach Lösungen für dein Problem gefragt wirst. Vertraue auf deine Fähigkeit zur Selbstheilung.

Weisheit

Die Weisheit des Alters besteht im „lassen“. Weglassen, zulassen, loslassen. Nicht alle Dinge benötigen mehr deine Aufmerksamkeit und Energie. Der Geist kommt zur Ruhe.

Über die Tiefgründigkeit

Am Tiefpunkt eines Lebens geht es für den,

der ihn überlebt nur noch in eine Richtung weiter. Zu den Tiefen der Wahrnehmung, den Tiefen des Glücks und der Tiefgründigkeit des Lebens.

Über spirituelle Führer

Bevor du dir einen Guru suchst, schaue in dir und mache deine Erfahrungen zu deinem Lehrer. Hast du einen spirituellen Führer so prüfe stets seine edlen Absichten!

Über die Erleuchtung

Erleuchtungen haben damit zu tun, dass man das Unbewusste in Bewusstsein transformiert. Im Erkennen liegt der Zugang zum Göttlichen.

Über das Alter

Für manche ist es eine Zahl, für andere eine

Lebensstufe, für den Weisen ist beides unbedeutend.

Über die Weisheit

Weise wird, wer keine Erfahrung auslässt. Und wer es in Worte zu fassen vermag. Reflektiere und führe darum Selbstgespräche!

Von der Veränderung

Verweigerst du die Veränderung, verweigerst du gleichzeitig die Chance auf Wachstum. Der Ruf nach etwas Neuem kann befreiend sein, kann dich auf eine neue Stufe heben.

Zen

Zen ist das was übrigbleibt, wenn man alle Begrifflichkeiten weglässt. Wenn man alle Konzepte aufgibt, die Dinge in Schubladen

einzusortieren. Wenn wir das Denken in Selbstvergessenheit auflösen.

Leere

Höre auf die Stille zwischen den Geräuschen, schaue auf die Leere zwischen den Taten, dort findest du Erleuchtung.

Nachwort

Liebe Leserin, lieber Leser,

ich freue mich sehr, wenn Ihnen mein Buch gefallen hat. Ist dies der Fall, würde ich mich über eine Rezension sehr freuen. Wenn Sie Lust haben, mit mir Kontakt aufzunehmen, so scheuen Sie nicht, mir eine E-mail zu schicken!

Das Buch zu schreiben bedurfte dieses Mal sehr viel Mut. Wann ist man „weise“ genug Texte mit Aphorismen zu verfassen? Diese und weitere Fragen umtrieben mich während des Schreibens. Meine Gedanken sind ja aber schließlich offen für die Interpretation und so vermögen Sie aus Ihrem persönlichen Weisheitsschatz gerne etwas hinzufügen!

Im Geiste des Zen-Buddhismus strebe ich zwar jeden Tag nach dem Besten meines Könnens, habe mich aber entschieden, auch das Unvollkommene zuzulassen. So sind meine Zeichnungen nicht perfekt, meistens habe ich bereits die erste Skizze genommen. Mögen Sie dadurch ebenfalls inspiriert sein, Ihre Gedanken aufzuschreiben und zu illustrieren!

Ich bedanke mich ganz herzlich für Ihre Aufmerksamkeit und Ihre Zeit beim Lesen und Meditieren,

Martina Simonsen

Autorenportrait

Martina Simonsen, Jahrgang 1970 lebt in einem Ort in der Kroppacher Schweiz/Westerwald. Sie ist gerne unterwegs auf Reisen - als digitale Nomadin mit zahlreichen Unternehmungen im Bereich E-Commerce und Multimedia.
Seit ihrer Jugend zeichnet und malt sie gerne und liest leidenschaftlich über die Themen Medizin, Psychologie, Buddhismus und Philosophie.
2020 erschien das erste Werk als Autorin zum Thema Stressmanagement, Achtsamkeit und Meditation.

Bisher veröffentlicht:
„Die kleine Zen-Fibel“
Wirksame Methoden zur Stressbewältigung. Werde zu Meister deines Alltags!

„Mit Achtsamkeit durch die Woche“
Das praktische Trainingsbuch zum Ausfüllen. Für Klarheit im Denken und Fühlen.

1. Auflage

Notizen